Succession de M. Paul OPPENHEIM

DIAMANTS

Roses, Perles fines

Rubis, Saphirs, Emeraudes, Pierres de couleur

et Marchandises de lapidairerie

sur papier

BIJOUX MONTÉS

COMMISSAIRES-PRISEURS

Mᵉ Paul AULARD | Mᵉ RADENAC
Rue Saint-Marc, 6 | Rue des Petits-Champs, 53

EXPERT : M JOZ, Lapidaire, rue Saint-Martin, 347

PARIS — 1894

IMPRIMERIE MAULDE et RENOU

———

A. MAULDE & Cie

IMPRIMEURS DE LA COMPAGNIE DES COMMISSAIRES-PRISEURS

Rue de Rivoli, 111

CATALOGUE

DE

DIAMANTS

Roses, Perles fines

Rubis, Saphirs, Émeraudes, Pierres de couleur

et Marchandises de lapidairerie

sur papier

Y COMPRIS QUELQUES

BIJOUX MONTÉS

DONT LA VENTE AURA LIEU

Après décès de M. Paul OPPENHEIM

HOTEL DROUOT, SALLE N°. 8

Les Mardi 24, Mercredi 25 et Jeudi 26 Avril 1894

et s'il y a lieu, le Vendredi 27 Avril 1894

A DEUX HEURES PRÉCISES DE RELEVÉE

Par le ministère de Me Paul AULARD, Commissaire-Priseur
à Paris, rue Saint-Marc, 6
Et de Me RABENAC, son confrère
rue des Petits-Champs, 53
Assistés de **M. JOZ**, Lapidaire-Expert, rue St-Martin, 347

EXPOSITION PUBLIQUE

Le Lundi 23 Avril 1894, de 2 heures à 5 heures

NOTA. — Les Amateurs pourront, en outre, visiter les marchandises
à l'Hôtel Drouot, chaque matin de vente

CONDITIONS DE LA VENTE

—

Elle sera faite au comptant.

Les Acquéreurs paieront CINQ POUR CENT en plus de leur prix d'adjudication.

L'Exposition mettant le public à même de se rendre compte de l'état des marchandises, aucune réclamation ne sera admise une fois l'adjudication prononcée.

Les numéros pourront être divisés ou groupés, au choix des acquéreurs.

A. MAULDE et Cie, imprimeurs de la Cie des Commissaires-Priseurs,
rue de Rivoli, 144   400—41700

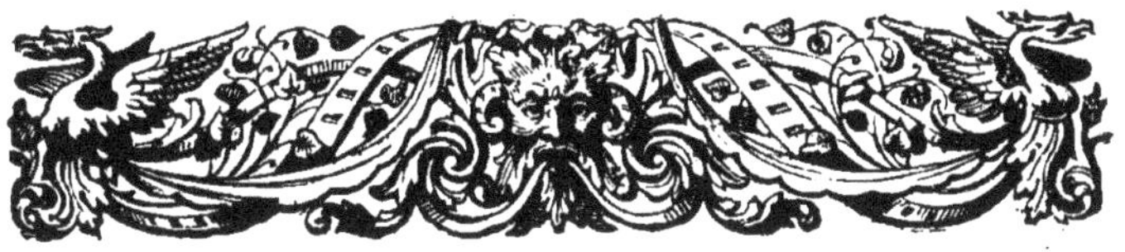

DESIGNATION

—

DIAMANTS, ROSES ET OBJETS MONTÉS

1 — Un lot Carbone, 5o5 carats fort.

2 — Quatre Brillants jaunes, 5 carats 1/2 1/8, 1/16.

3 — Soixante-et-onze Brillants non recoupés, 7 carats 1/8.

4 — Vingt Brillants fantaisie, 10 carats.

5 — Deux cent vingt-et-un Brillants givreux, 23 carats 1/8.

6 — Cinquante Tables, 4 carats 1/2, 1/4, 1/8. Trois cent vingt-six Roses, 1 carat 1/4.

7 — Une paire de Boutons brillants, monture ancienne.

8 — Une Bague brillant, 2 carats 1/8, 1/32.

9 — Une Bague brillant carré, monture deux corps.

10 — Soixante-douze Pointes tournées diamant.

11 — Une Bague médaillon, chaton ouvrant, monture ancienne.

12 — Un lot deux Bagues, deux paires Boucles d'oreilles roses et perles.

13 — Une Broche émeraude entourée de quatorze brillants.

14 -- Une Épingle perle Californie casque.

Une Bague camée ancien.

Une Épingle perle Californie perroquet, monture argent, yeux rubis.

Une Épingle perle californie, dauphin, monture argent, yeux rubis.

15 — Une Broche dragon, perle Californie, turquoise, rubis, monture argent.

Une Broche Chimère ailée, perle et rubis, monture argent.

16 — Un Écrin, tour de col, monture argent.

Quatorze Perles Californie, 159 grains, et un Peigne monture argent, neuf Perles Californie, 104 grains.

17 — Dix-huit Chaînes Niniche, dont neuf cœurs,
et neuf croix cornal., et six Chaînes gutta-
percha avec six onyx.

Un lot quatorze Bracelets passementerie or,
pierres variées.

SAPHIRS, RUBIS ET ÉMERAUDES

18 — Sept cent cinquante Saphirs cabochons,
68 carats.

Saphirs facettes pâles, 144 carats.

19 — Sept Saphirs, facettes pâles, 31 carats.

20 — Saphirs, facettes pâles, 38 carats.

Saphirs facettes pâles, 27 carats.

21 — Un Saphir percé amande, 19 carats 1/16.

22 — Quatre-vingt-dix-sept Saphirs, 50 carats 1/4.

23 — Saphirs cabochons, 28 carats.

Un lot Rubis, Saphirs et Péridots percés.

24 — Rubis cabochons, 58 carats.

25 — Un lot deux Rubis, 4 carats 7/8, et un Saphir
brut, 2 carats 1/4, 1/8.

Émeraudes cabochons, 42 carats.

26 — Émeraudes et Rubis cabochons, 24 carats
et demi.

27 — Trois cent vingt-trois Rubis cabochons,
17 carats.

Un lot Rubis bruts, 6 carats 15/16.

28 — Cent vingt-neuf Rubis facettés, 25 carats
et demi.

29 — Petits Rubis cabochons, 19 carats 1/2.

30 — Trente et un Rubis facettés, 14 carats 1/4.

31 — Un Rubis Siam, 3 carats 1/2 1/4.

32 — Neuf Rubis, dont deux Spinel, 10 carats 1/2.

33 — Un Rubis, 8 carats 1/8 1/16.

34 — Trente-deux Émeraudes cabochons, 72 carats.

35 — Sept Rubis cabochons, 16 carats 1/4.

36 — Quatre-vingt-dix-neuf Émeraudes facettées,
13 carats 1/4.

37 — Cinquante-quatre Émeraudes facettées, 28 carats 1/8.

38 — Six cent quatre-vingt-huit Émeraudes facettées, 122 carats 1/2, 1/8.

39 — Émeraudes facettées, 57 carats.

Un lot salade Rubis et Émeraudes 96 carats.

40 — Rubis et Émeraudes cabochons, 11 carats 1/8.

41 — Rubis brut, 825 carats.

Rubis brut, 1,550 carats.

Rubis brut, 1,560 carats.

42 — Rubis brut, 1,600 carats.

Rubis brut, 1,325 carats.

43 — Rubis brut, 317 carats.

44 — Rubis brut, 1,660 carats.

PERLES ET PRIMES DE PERLE

45 — Deux Masses perles baroques. 43 rangs,
208 carats.

46 — Deux Masses perles baroques.

47 — Un lot Perles Panama, 552 carats.

48 — Un lot Perles Panama, 429 carats.

49 — Un lot Perles Panama, 186 carats.

5o — Un lot Perles Panama, 95 carats.

5 1 — Douze Perles baroques, 79 carats 1/4.

5 2 — Quatorze Perles baroques, 3 1 5 carats.

53 — Vingt Perles baroques et Primes, 87 carats.

54 — Un rang Perles Californie, 1o5 carats.

55 — Quatre Colliers perles colorées, 275 carats.

56 — Une Boîte tôle, douze casiers garnis de perles.

57 — Deux Colliers perles teintées :

Un Collier quatre rangs, perles enfilées, 78 carats.

Un Collier quatre rangs, avec fermoir, perles enfilées, 89 carats.

Deux cent quarante-deux Perles d'Orient enfilées, 22 grains.

58 — Un lot Perles colorées, 293 grains.

Un lot Perles colorées, 1o4 grains.

59 — Un lot petites Perles colorées, 39o carats.

6o — Un lot petites Perles bronze, 4 1 2 carats.

6 1 — Un lot petites Perles rosées, 3 2 4 carats.

62 — Un lot petites Perles noires, 1 66 carats.

Un lot petites Perles mortes.

63 — Un lot de vingt-trois Perles Panama, 186
grains.

64 — Un lot perles d'Australie, 187 grains.

65 — Un lot Perles Panama baroques, 192 carats.

66 — Vingt-deux Perles Panama baroques, 42
carats 1/4.

67 — Un lot Perles d'Ecosse et autres, 320 carats.

68 — Un lot Perles Californie, 408 carats.

69 — Un lot Perles Californie, 249 carats.

70 — Un lot Perles Californie, 355 carats.

71 — Treize Perles Californie, dont neuf enfilées,
29 carats.

72 — Cinquante-et-une Perles colorées, 59 carats
et demi.

73 — Dix-neuf Perles fines garanties teintes,
26 carats.

Un lot Perles corps de mouches, 106 carats.

74 — Un lot Perles Californie, 1,980 carats.

75 — Un lot Perles Californie, 890 carats.

76 — Un lot Perles Californie, 2,910 carats.

77 — Quatre masses et un rang Perles Californie,
679 carats poids brut.

78 — Un lot semence Perle, 216 carats.

Un lot semence Perle, 72 carats.

Un lot semence Perles, 38 carats.

79 — Un lot Perles rebut, 78 carats.

Un lot Perles rebut, 96 carats.

Soixante-neuf Perles sciées, 25 carats.

Deux cent soixante Perles sciées, 27 carats
et demi.

Vingt-neuf Perles sciées Californie, 43 carats.

80 — Quatre lots primes de Perles A B C D.

81 — Un lot sept primes de Perles.

Un lot cent vingt-cinq primes de Perles.

Un lot cent soixante-quinze primes de
Perles.

Un lot vingt-trois primes de Perles.

82 — Un lot primes et gangues de Perles, 370 gr.

Un lot divers morceaux nacre, découpés et
dessinés.

82 bis — Un lot Perles fantaisie, percées, 816 gr.

Un lot primes et gangues de Perles.

TOPAZES

83 -- Cent douze Topazes blanches, 78 grammes.

Deux poires Topaze verte, 14 carats.

Trente Topazes d'Espagne.

84 — Vingt-quatre douzaines et demi Topazes du
Brésil.

Vingt-quatre douzaines Topazes du Brésil.

Trois douzaines et demie Topazes du Brésil

Quatre douzaines Topazes du Brésil.

Vingt-quatre Topazes du Brésil.

Vingt-huit Topazes du Brésil.

Quarante-six Topazes du Brésil.

85 — Six grandes Topazes, 675 carats.

Onze Topazes du Brésil, taille antique,
44 carats 1/4.

Trente-deux Topazes du Brésil, roses et
jaunes.

86 — Onze cent cinquante grammes net, Topaze
du Brésil.

Mille trente grammes net, Topaze du Brésil.

Onze mille sept cent cinquante grammes net
Topaze du Brésil.

Une Caisse Topaze brute, net 8 kilog.

86 — Une Caisse Topaze brute, net 6 kil. 100.
(suite)

Une Caisse Topaze brute, 10 kil. 200.

Une Caisse Topaze, choix net, 2 kil. 130.

Une Caisse Topaze claire, net, 2 kil. 490.

AMÉTHYSTES

87 — Cinquante petits Talismans améthyste, incrustations or.

Dix-neuf Améthystes gravées et Lapidairerie haute fantaisie.

Vingt Améthystes de Sibérie.

Dix-huit Améthystes foncées.

88 — Cent-dix Boules améthyste, facettées taille antique.

Soixante Boules améthyste unies.

89 — Quatre-vingt neuf Améthystes cabochons, 190 grammes.

Petits Clous arrondis améthyste, 45 grammes.

Petits Clous arrondis améthyste, 105 grammes.

Petits Clous foncés améthyste, 73 grammes.

Un lot Cabochons améthyste, 76 grammes.

90 — Cent soixante-six Améthystes, 282 grammes.

Quatre-vingt treize Améthystes, 1er choix, 73 grammes.

Vingt-cinq grammes Améthystes facettées, formes diverses.

Trente-cinq grammes Améthystes facettées, pour bagues.

Vingt-huit grammes Améthystes facettées, ovales.

Une caisse Améthystes brutes du Brésil, net 5 kil. 450.

Une caisse Améthystes Sibérie, net 2 kil. 150.

TURQUOISES

91 — Huit-cent vingt-sept Turquoises pâles.

Six mille huit cents Turquoises pâles.

Trois mille sept cents Turquoises foncées.

Mille cinquante Turquoises foncées.

Mille trente Turquoises foncées.

92 — Huit Turquoises, 43 Carats.

93 — Un lot Talismans Turquoise.

Un lot rebuts Turquoise.

94 — Quatre mille neuf cents Turquoises.

Deux mille huit cents Turquoises.

95 — Un lot rebuts Turquoise, en deux paquets.

Un lot 86 Bagues Turquoise et métal.

GRENATS

96 — Cinquante Grenats cabochons, 395 grammes.

Cinquante Grenats cabochons, 482 grammes.

Quarante - trois Grenats cabochons, 650 grammes.

Cinquante-sept Grenats cabochons, 700 grammes.

Quinze Grenats cabochons, 411 grammes.

Quatorze Grenats cabochons, 445 grammes.

Seize Grenats cabochons, 470 grammes.

Quatre Grenats cabochons, 85 grammes.

97 — Cinq Rangs très grosses Boules Grenat du Tyrol.

Six cents Grenats facettés.

Quatre mille trois cent cinquante petits Grenats facettés, 190 grammes.

Sept cent quatre-vingts Grenats facettés, 109 grammes.

Deux cent cinquante-huit Grenats facettés, 130 grammes.

Un lot petits Grenats cabochons, dessous plat, taille de Paris, et vingt-neuf douzaines tout petits Grenats pour yeux, 40 grammes.

98 — Un lot six cent cinquante Grenats cabochons.

Un lot cent un Grenats cabochons, taille de
Paris.

99 — Cinquante-cinq Grenats variés, lapidairerie
haute fantaisie.

Une caisse Grenats bruts, net 1190 grammes.

Une caisse Grenats bruts, net 1340 grammes.

Une caisse Grenats bruts, net 1205 grammes.

Une caisse Grenats 1115 grammes et un paquet 350 grammes = 1565 grammes.

Une caisse Grenats bruts, net 1140 grammes.

Un lot débris Grenats, net 0,550 grammes.

CORAIL

100 — Deux cent quatre-vingt deux Boutons
Corail rose, 190 grammes.

Deux cent soixante-cinq Pampilles Corail
rose, 57 grammes.

Mille cent quatre-vingt dix-huit Pampilles
Corail rose, 310 grammes.

Quatre cent soixante Poires facettées Corail
rose, 340 grammes.

101 — Cent vingt Maillons Corail.

Soixante Coraux divers, gravés et lapidés,
fantaisie, haute nouveauté.

101 — Quarante-six Coraux bustes femmes gravés.
(SUITE)

Cent trente Coraux gravés lapidairerie, haute fantaisie.

102 — Deux Bayadères Corail.

Vingt Rangs Boules, Olives Corail et Pierres détachées.

Trente-cinq Boules et Olives Corail.

Trois cent cinq grammes Lentilles Corail rondes et ovales.

Un lot, quatre-vingt seize camées Corail.

Un lot, quarante-cinq grammes Lentilles ouvrées Corail.

Un lot, trente-six cartes Lentilles Corail unies et facettées, plus un lot Lentilles unies et divers grands Coraux plats.

Une boîte Branchages Corail douci et deux boîtes débris Corail et Corail brut.

Un lot divers Branchanges Corail rouge et blanc.

CHRISOPRASES

103 — Deux grandes Chrisoprases, 40 grammes.

Sept grandes Chrisoprases, 13 grammes.

Neuf grandes Chrisoprases, 24 grammes.

Trente-deux grandes Chrisoprases gravées, incrustation or et camée tête de Louis XVI.

104 — Deux Chrisoprases, trois faces.

Quatre cent treize Chrisoprases.

Trois cent trois Chrisoprases.

105 — Quatre-vingt-quatre Chrisoprases.

106 — Cent Chrisoprases.

107 — Cent soixante-dix Chrisoprases.

Trois cent vingt-cinq Chrisoprases.

Deux cent trente-deux Chrisoprases.

108 — Cent soixante-dix-sept Chrisoprases pâles.

Un lot Chrisoprases, rebut.

Six belles Chrisoprases d'Oldenbourg.

Trente-et-une Broches Chrisoprases d'Oldenbourg.

Cent quatre-vingt-quinze Chrisoprases d'Oldenbourg.

CORNALINES

109 — Trente grandes Cornalines 1er choix.

Soixante-quatre morceaux Cornalines, premier choix.

110 — Sept caisses Cornaline contenant cent
pierres dans chaque caisse.

111 — Deux cent quinze Cornalines blanches,
dont 3o jaunes.

Sept cent quatre-vingt-quinze grammes
Cornalines diverses enfilées.

Six cent trente-six Cornalines blanches,
jaunes et rouges.

Cent six Cornalines blanches.

Dix-sept cent dix-sept Lentilles cornaline
variées.

Deux cent trente-quatre Croix cornaline.

Quatre cent soixante-dix Cœurs cornaline.

112 — Douze cent quinze Poirettes variées, cornaline et agate.

Quatre cent quatre-vingt-dix Poirettes cornaline blanche et rouge.

Cent soixante-deux grandes Pendeloques
cornaline.

Onze cent soixante Cornalines pour bagues.

Cinq cent quatre-vingt-huit Cornalines
écussons variés.

Deux cent cinquante-quatre Cornalines
ovales, blanches et rouges.

113 — Cinquante Bases de cachet, Cornaline et
Jaspe.

113 — Un lot dix-neuf Cornalines gravées repré-
(SUITE)   sentant : *Sainte-Vierge, Napoléon I*[er] et
Napoléon III, Rachel, Duchesse d'Orléans
et quatorze sujets variés.

Neuf cent cinquante Cornalines, pierres
variées gravées pour bagues.

Trois cent Cornalines, pierres variées et
et incrustées.

Quatre-vingts Intailles Cornaline, Bustes
romains, dont quelques antiques.

CRISTAL DE ROCHE

114 — Trois cent soixante-dix-sept Cristaux de
roche pour bagues, pierres doucies pour
graver.

Deux cent quatre-vingt-cinq Cristaux de
roche pour bagues, pierres polies.

Six cent quatorze Cristaux de roche gravés
pour bagues.

Soixante-sept Cristaux de roche gravés,
dont plusieurs peints ou incrustés.

115 — Deux mille quatre cents Cristaux de roche
taillés.

Cent douze Cristaux de roche taillés,
formes variées.

Dix-huit Cristaux de roche irisés.

115 — Cent dix-neuf Cristaux de roche cabochons
(suite)   unis, formes variées.

Soixante-dix-huit Cristaux de roche taillés,
formes variées.

Soixante-quatre Cristaux de roche, lapidairerie variée, haute fantaisie.

Soixante-quatorze Cristaux de roche, lapidairerie variée, haute fantaisie.

116 — Dix-huit Cristaux de roche, taille antique,
anneaux, croissants, œufs.

Dix-huit Cristaux de roche, coquilles et
moules.

Douze Cristaux de roche, broche, lapidairerie, haute fantaisie.

Trente-neuf Cristaux de roche variés prêts
à l'incrustation ou à la gravure.

117 — Soixante Cristaux de roche gravés, incrustation or.

118 — Un Collier cristal de roche, centre Boule
A E I, incrustation or, et quatre Bâtons
double tenon percé or incrusté.

Six douzaines Poires cristal de roche
facetté.

Trois douzaines Poires cristal de roche
grand modèle.

119 Cinquante-sept Poires et Pyramides cris-
     tal roche, taille antique.

     Quarante-neuf Briolettes et Poirettes.

120 — Trois cent trois Boules, cristal roche, per-
     cées à la charnière, facettes, taille antique.

     Treize Boules unies, cristal de roche.

121 — Dix Boules et Olives, cristal de roche,
     double tenon.

     Trente-neuf Boules unies et facettées, cris-
     tal de roche, double tenon.

     Quatre Bâtons, double tenon, cristal de
     roche.

122 — Trente-huit Cachets, trois faces, cristal de
     roche.

     Un lot quinze grandes Plaques, cristal de
     roche, rondes, carrées et ovales, dont
     une irisée.

     Cinq pièces, Cristal de roche, dont trois pour
     bougeoir et deux faisant bouts de pipe.

123 — Neuf grosses Boules, cristal de roche, pour
     lustre.

AGATES

124 — Un lot, quatre-vingts Agates : cinquante plaques ceinture et manches de canif, et trente pierres variées.

Un lot, deux cent quarante-deux Agates blanches.

Un lot, Agates cornalines.

Un lot, cent quarante Agates variées.

Un lot, cent soixante dix-huit Agates arborisées.

Un lot, cent vingt-huit Agates arborisées.

Un lot, cent cinquante-quatre Agates arborisées.

Un lot, cinquante Arborisations variées de choix.

Dix-huit pierres Agate orientale.

Cent quatre lentilles Agate opaque.

Deux cent vingt-cinq lentilles Agate transparente formant œil.

Trente-six Arborisations opaques.

Cinquante maillons Agate et divers.

Cent quatre-vingt quinze Boules et Œufs Agate.

Un lot, cinquante Agates rondes cabochon.

Un lot, vingt-six Agates rondes plates.

Un lot, quatorze plaques agate.

125 — Vingt-huit plaques orientales transparentes,
dont plusieurs arborisées.

Six belles plaques Agate orientale.

Un lot, trente plaques Agate et divers.

Quatre Agates arborisées de choix.

OPALES

126 — Deux Opales en écrin.

127 — Une Opale jaune du Mexique.

128 — Douze Opales, 1ᵉʳ choix.

129 — Six Opales, 1ᵉʳ choix.

130 — Cent seize Opales, 1ᵉʳ choix.

131 — Un lot Opales, 2ᵉ choix, 85 carats.
Un lot Opales, 2ᵉ choix, 461 carats.
Un lot Opales, 2ᵉ choix, 271 carats.
Un lot Opales, 2ᵉ choix, 280 carats.
Un lot Opales, 2ᵉ choix, 276 carats.
Un lot Opales Guatemala, 201 carats.
Un lot Opales brutes.

DIVERS

—

AIGUE MARINE

132 — Six Aigues-marines, 13 grammes.

Six Aigues-marines.

Un paquet Aigues-marines brutes.

Deux pendeloques Aigue-marine, 9 3/8 carats.

HYACINTHES

133 — Trente Hyacinthes, 66 carats.

134 — Six cent soixante-six Hyacinthes, 63 gr.

Vingt-sept Hyacinthes, 23 grammes, et 258 pour yeux.

TOURMALINES

135 — Un lot, cent soixante-dix-huit Tourmalines taillées.

Un lot Tourmalines brutes, 60 grammes.

PÉRIDOTS

135 — Un lot, soixante-dix Péridots.

CORINDONS, ŒILS-DE-CHAT

136 — Trente Corindons, Œils-de-Chat, 73 carats.

137 — Dix-sept Boules, 45 carats.
Un lot, Saphirines, 100 grammes.
Un lot, Œils-de-Chat, 107 grammes.
Quarante-sept Corindons, 312 carats.

AMBRE

138 — Six Colliers, grosses boules ambre, et quatre-vingt-dix-neuf Perles.
Un lot, treize Plaques ambre.
Une Caisse ambre brut.

PURPURINE

138 — Un lot Purpurine, 435 grammes.

AVANTURINE, AMAZONE ET MANGANÈSE

139 — Un lot, quatre-vingts pierres variées, Avanturine fine et fausse.

139 — Un lot, vingt-six pierres variées, Amazone.
(SUITE)
      Un lot, vingt-sept morceaux Manganèse brute et taillée.

LABRADOR

139 — Cent seize Pierres, formes variées, Labrador.

CAILLOU D'ÉGYPTE, PALMIER ET POUDINGUE

139 — Cent soixante-dix Pierres variées et lapidées, Caillou d'Egypte, Palmier et Poudingue.

HÉMATITE, PIERRES SANGUINES, BRUNISSOIRS ET MARCASSITES

139 — Quatre cent dix-sept grammes Hématites, Pierres sanguines et Brunissoirs.

      Cent soixante-douze grammes Marcassite.

MOSAIQUE ET COQUILLES ROSES

140 — Trente-sept Cartes mosaïque de Florence et six Cartes Lave.

      Trente-sept Cartes mosaïque de Florence.

      Deux cent trente Coquilles roses sculptées et trente-sept en lapidairerie.

140 — Un lot Camées coquille, forme pendeloques.
(SUITE) Un lot Camées coquille, ronds et ovales.

JASPE VERT ET ROUGE

141 — Boutons de robe jaspe.

Sept cent quarante grammes jaspe, Maillons Olives, etc.

Sept cent vingt cinq Jaspes ronds et ovales, pour bagues.

Huit cent soixante-un Jaspes pour bagues, Écussons variés.

Cent pièces environ, lapidairerie haute fantaisie, Jaspe vert et rouge.

Soixante Plaquettes, jaspe poli, dont deux Bonbonnières.

MALACHITE

142 — Un lot Maillons variés et Boules malachite.

Cent quatre-vingt Pampilles et Boutons malachite.

Quatre-vingt treize Malachites cabochons ronds et ovales.

Cent quatre-vingt sept Malachites gravées, formes variées, haute fantaisie.

Quarante-cinq Camées Malachite.

142 — Deux Presse-Papiers et un gros morceau
(SUITE)   Malachite.

LAPIS

143 — Soixante-six Poires lapis.

144 — Deux cent soixante-seize Poirettes.

Cent trente-six Lapis, formes variées.

Cent deux Lapis pour broches, formes
variées

Deux cent trente sept Lapis, lapidairerie
haute fantaisie.

Trois grosses Boules et une grosse Demi-
Boule lapis.

Quatre-vingt quinze Boules lapis, 332
grammes.

145 — Deux cent cinquante quatre Boules lapis,
475 grammes.

145 *bis* — Cinquante - huit kilogrammes Lapis
brut de Perse, première qualité.

ONYX

146 — Une Boîte deux cents Onyx à couche pour
gravure.

Une Boîte cent Onyx à couche pour gravure.

146 — Quarante-sept Onyx orientales rubannées.
(SUITE)

Quatre cents Onyx rubanées, formes variées, pour bagues.

Soixante Onyx rondes à couche, pour boutons.

Vingt-cinq Onyx rondes et ovales percées, Onyx noire.

Cent quatre-vingt quatre rondelles, Onyx noire, centre percé.

Quarante - cinq cœurs très épais, Onyx noire.

Cent trente-un Onyx noire, pour bagues, broches et boutons.

Cent-neuf Onyx noire, ovales, centre percé, pour bagues.

Cinq cent quatre-vingt Onyx à couche, rondes et ovales.

Quatre-vingt sept grosses Boules, Onyx noire.

147 — Cent vingt-un Onyx rouges, rondes et ovales, centre percé.

Quatre - vingt deux Onyx roses et jaunes, pierres pour camées.

Quatre cent trente Onyx variées pour bagues.

Trente-un Onyx rondes, Nicolo.

Cent pièces Onyx noire, lapidairerie variée, haute fantaisie.

147 — Deux cents pièces Onyx noire variées, lapi-
(suite)   daireric haute fantaisie.

LAPIDAIRERIE

148 — Treize Fonds de montre, pierres variées,
fines et fausses.

Soixante-sept Pierres orientales gravées,
dont la plupart antiques, et trois Mo-
saïques anciennes.

149 — Une Boîte à deux compartiments :

Casier du dessous : Quatre-vingt-trois
Camées durs, sujets variés ;

149 *bis* — De dessus : Cent-treize pièces variées.

150 — Une Boîte lapidairerie, contenant trente-
trois pierres variées, haute fantaisie, incrustation or.

151 — Un Casier contenant quatre-vingt-six
pièces, Lapidaircrie variée, incrustation
or et pierreries.

152 — Un Casier contenant cent vingt-neuf
pierres variées pour cachets.

Un Casier contenant soixante-cinq pommes
de cannes, porteplumes, manches d'om-
brelles, etc., pierres variées.

Un Tiroir contenant soixante-sept manches
variés agate.

153 — Un Tiroir contenant soixante-trois manches de couteau, jaspe.

Huit Presse-Papiers, pierres variées.

Cinquante-huit Plaques et Plaquettes polies : Agate, Avanturine, Jade purpurine,
Ambre et divers.

Un lot, Plaques variées, Amazone, Labrador, Lumachelle et autres.

154 — Trois Caisses, Lapis, Plaques et Débris,
27 kil. 500.

Trois caisses, Jaspe vert et rouge, dont une
caisse Plaquettes très minces, les trois
caisses pèsent 10 kil. 900.

NOTA. — Le dernier jour seront vendus : un **Coffre-fort,**
un **Tour,** des **Boiseries** en chêne et quelques **Objets mobiliers.**

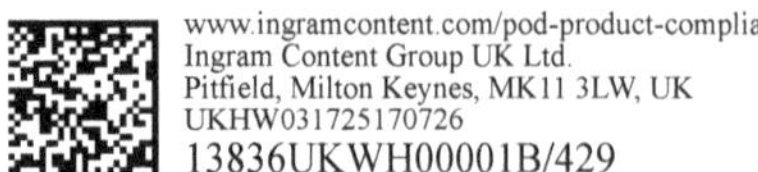
www.ingramcontent.com/pod-product-compliance
Ingram Content Group UK Ltd.
Pitfield, Milton Keynes, MK11 3LW, UK
UKHW031725170726
13836UKWH00001B/429